AF143534

DATA FACE

Julien Gigault et Tayeb Hassini

CREATION ET DISTRIBUTION

Cette pièce a été écrite entre juin et septembre 2018, elle a été créée en avril 2019. La mise en scène est de Tayeb Hassini, la production est assurée par Olivier Lenoir, compagnie Heïdi a bien grandi.

La distribution est la suivante :

- MARTIN TERRIEN...............CYRILLE GERARD

- HENRY

- EUGENE CARLATE

- MARIE-ANGE

- MOMO ....OLIVIER CLENET

- JO

- HERMINE

- LE CONDUCTEUR DE L'AUTOCAR

- LES PASSAGERS DE LA GARE 1, 2 & 3

- CARRIE

- UN POLITICIEN ....JULIEN GIGAULT

L'espace scénique est délimité. Il y a une chaise au milieu.
Un microphone sur pied et un amplificateur hors scène.
Martin entre sur scène, s'assoit et lit un livre. Dans le public,
Henry et Jo l'observent.

Scène 1 - Près du grand chêne

JO. Psst, psst.

HENRY. Monsieur, monsieur.

JO. Excusez-moi. Vous lisez un vrai livre ?

MARTIN. "Eloge de l'ombre".

HENRY. Vous n'avez pas de tablette ?

MARTIN. Si, mais il n'y a pas de poésie dans les tablettes.

JO. Montrez la couverture. C'est de la poésie ça ?

MARTIN. Oui, ça change un peu.

HENRY. Ça change un peu ? C'est surtout devenu extrê-
mement rare de lire un vrai livre.

MARTIN. Pas tant que ça.

JO. Pas tant que ça... vous n'avez pas peur que l'on vous
vole ?

MARTIN. Non pas vraiment, plus personne ne s'intéresse
aux livres. Qui pourrait me le voler ?

JO. Bien nous par exemple ? *(tous deux enlèvent leurs
masques)*

MARTIN. Non, ce n'est pas vrai ! Comment vous m'avez
retrouvé ?

HENRY. T'as oublié ? On peut te géolocaliser en permanence.

JO. Alors, on est détendu là ?

HENRY. Tes avis de consommateur, on les attend toujours.

JO. 3 semaines de retard.

HENRY. On les attend toujours !

JO. 3 semaines, ça commence à faire long, mais monsieur lit tranquillement sous le grand chêne.

HENRY. T'as oublié les petites lignes du contrat ?

MARTIN. Non, non bien sûr que non. Lesquelles exactement ? Il y en avait tellement.

JO. J'y crois pas, il a oublié.

HENRY. Bien, on va te les rappeler dans les règles de l'art.

MARTIN. S'il vous plaît, ne me faites pas mal.

JO. S'il vous plaît, maintenant il devient poli.

MARTIN. Je... je vais tout vous expliquer.

HENRY. *(au public)* Il a simplement oublié quelques obligations, ce n'est pas grave, on va lui rafraîchir la mémoire.

MARTIN. Non ! Je vous en prie, attendez.

JO. Quoi encore ?

MARTIN. J'ai demandé à changer d'identité, pas de personnalité. D'accord, j'ai pris un peu de retard mais j'avais besoin de faire le point.

JO. A force de vouloir faire le point, t'as fait n'importe quoi Martin.

HENRY. On n'a pas le temps pour écouter tes états d'âmes. Il fallait t'y attendre. Nous sommes des nettoyeurs. On travaille au rendement, nous !

JO. Oui oh pas seulement, on sait réfléchir aussi avant d'agir. C'est important pour bien dormir la nuit, pour profiter pleinement de chaque journée.

HENRY. Oh ! oh oh tu fais quoi là ? *(à Martin qui tente de prendre la fuite)*

JO. Moi, je suis plutôt pour écouter la version de ce brave homme.

HENRY. Moi pas.

JO. On pourrait tirer à pile ou face. T'as une pièce ?

HENRY. Non.

JO. Quelle dommage de mourir si jeune !

MARTIN. Moi j'en ai une.

HENRY. Alors pile il raconte, face on officie. *(il la lance à Jo)* Pile. Martin nous sommes tout ouïe. *(il tape Martin)* Oh parle !

MARTIN. Mon nom est Martin Terrien, petit je rêvais d'être chef d'orchestre mais mon père m'a poussé à faire des études alors je suis devenu architecte…

HENRY. Non pas depuis le début, pitié !

MARTIN. Vous n'allez rien comprendre sans cela.

JO. On n'est pas neuneu non plus.

HENRY. Laissons le parler.

MARTIN. Je ne savais plus qui j'étais, je voulais arrêter de faire semblant de sourire aux gens. Alors j'ai tout quitté, j'ai laissé : mes amis, ma maison, mon travail, mes ennuis, mon identité. Comme ça un matin, presque comme un claquement de doigt...

Scène 2 - L'ascenseur

HERMINE. Attendez !

VOIX OFF. Ting ! *(Bruits et musique d'ascenseur.)* Carlate industrie l'imagination au service de l'action.

HERMINE. Un peu plus elle t'écrasait la main. Ça va Martin ? Pas trop Overflow ?

MARTIN. Comment ?

HERMINE. Pas trop overflow, pas trop débordé ?

MARTIN. Ça va, ça va

HERMINE. Mais Martin...

MARTIN. Oui quoi ? Qu'est-ce qu'il y a Hermine ?

HERMINE. Tu n'as pas appuyé sur le bouton.

MARTIN. Ha oui ! Quel étage?

HERMINE. 44e, T'es stressé en ce moment ?

MARTIN. Oh Hermine. Je n'en peux plus. J'ai fait le point, je crois que je perds pied. On est à flux tendu, au début j'adorais ça : les responsabilités, les clients, les certifications, remporter des marchés, faire de l'argent. Aujourd'hui je me sens perdu. Avant on était dans l'innovation, on était intègre ! Maintenant on nous demande de poser quatre murs. On rase tout, on fait des boulevards et on pose nos maquettes grandeur nature.

HERMINE. Je ne te reconnais pas Martin.

MARTIN. Moi, non plus. Je ne suis pas devenu architecte pour ça. Tu sais ce que je vais laisser derrière moi ? Trois habitats collectifs, une clinique vétérinaire et douze centres de données, douze centres de données ! Qu'est-ce qui est utile là-dedans ? Rien !

HERMINE. La clinique vétérinaire quand même.

MARTIN. Rien, je te dis !

HERMINE. Calme-toi.

MARTIN. Je suis calme. Seulement je sors du bureau de notre cher directeur. Il est insensé, irresponsable, il faudrait l'enfermer.

HERMINE. Qui ça ? Carlate ?

MARTIN. Oui Carlate.

HERMINE. Il a toujours eu ce qu'il voulait !

MARTIN. C'est bien le problème, il veut faire disparaître une des dernières bibliothèques municipales de France pour construire un énième centre de données et il faut voir comment.

HERMINE. Qu'est-ce que tu vas faire ?

MARTIN. J'ai pris une décision cruciale, j'ai appelé une société spécialisée, demain à 14h15, je vais...

VOIX OFF. Ting ! *(Bruits et musique d'ascenseur. Les portes de l' ascenseur s'ouvrent, quelqu'un entre.)*

MARTIN. Bonjour !

HERMINE. Bonjour... *(à Martin)* Tu vas ?

MARTIN. Hein !?

HERMINE. Tu disais que tu allais...

MARTIN. Je vais, je vais *(il souffle) a*u stock fourniture, je n'ai plus de stylos.

VOIX OFF. Ting ! 44e étage.

HERMINE. Ah !? Bon bien moi je descends là. Tiens-moi au courant, j'ai hâte d'en savoir plus.

MARTIN. Oui, oui. Bonne soirée Hermine. *(La musique d'ascenseur continue.)* Rhaaa ! cette musique.

Scène 3 - Retour au grand chêne

HENRY. Oui bon, ça on sait : tu étais au bout du rouleau et c'est là que tu as fait appel à nos services.

MARTIN. Oui.

HENRY. Juste pour un burn-out.

MARTIN. Oui ! enfin non ! Carlate allait me mettre sur le dos un incendie qu'il voulait déclencher, et qui plus est, il allait lancer la mafia japonaise à mes trousses.

JO. Tu as des preuves de ça ?

MARTIN. Vous pensez qu'on serait là à discuter si j'avais eu des preuves ?

HENRY. D'ailleurs comment nous as-tu trouvé ?

MARTIN. Je sortais du bureau de Carlate, j'étais paniqué. J'ai tapé "Nouvelle vie" sur Google et au même moment, j'ai reçu un mail de votre société.

HENRY. Quelle coïncidence !

MARTIN. Comme vous dites ! Dans le mail c'était simplement noté Data Face "Envolez-vous vers une nouvelle vie" demandez juste Henry et un numéro de téléphone clignotait.

JO. Gratuit, joignable 7 jours sur 7

HENRY. Tu as donc appelé ce numéro ?

JO. Et ça s'est passé comme ça. Tu es dans ton bureau, tu t'empares de ton combiné téléphonique, composes le numéro spécial et attends. A l'autre bout, Henry : autrement dit le nettoyeur numérique, il laisse sonner volontairement trois fois.

HENRY. Jo ! Peut-être pourrais- tu rappeler pourquoi nous laissons absolument laisser sonner, volontairement ?

JO. Oui tu as raison Henry, c'est la procédure ; nous voulons être sûr que nous clients soient prêts à franchir le pas. La quatrième fois Henry décroche :

HENRY. Oui allo ?

MARTIN. Je veux parler à Henry.

HENRY. Henry qui ?

MARTIN. Euh...

HENRY. Henry qui ?

MARTIN. Juste Henry

HENRY. Bonjour Mr Terrien, au nom de la société Data Face, je vous souhaite la bienvenue dans le programme "Nouvelle vie". Voici la première étape, demain nous avons rendez-vous à 14h15 précise à la gare routière, prenez le strict nécessaire. C'est entendu ? Répétez

MARTIN. Demain 14h15 précise à la gare routière, je prends le strict nécessaire.

HENRY. La contractualisation est en cours, à demain Mr Terrien.

MARTIN. Oui mais j'ai quelques questions je voulais savoir si...*(la communication est coupée)*

JO. Pour changer de vie, tu as donc dit...

MARTIN. Juste Henry.

JO. Voilà c'est aussi simple que ça. Nous sommes les seuls à proposer ce service haut de gamme pour se racheter une virginité, une tranquillité d'esprit, un nouvel espace où tout est possible.

HENRY. Nous vous offrons une nouvelle vie. Nous vous effaçons socialement et numériquement. Casier judiciaire garantie vierge.

HENRY et JO. Data face, parce que votre liberté n'a pas de prix.

MARTIN. Enfin c'était pas donné non plus, ça m'a coûté un bras.

HENRY. Ha ! C'est un investissement.

JO. Et Henry t' a donné rendez-vous n'est-ce pas ?

MARTIN. Oui.

JO. Où ça ?

MARTIN. A la gare routière

JO. A quelle heure ?

MARTIN. A 14h15

Scène 4 - La gare routière

VOIX OFF. Le car pour l'aéroport est annoncé voie n°7. Le car pour l'aéroport est annoncé voie n°7.

MARTIN. 14h15

HENRY. Précise.

MARTIN. Henry ?

HENRY. Juste.

MARTIN. Juste Henry. On y va. L'aéroport c'est par là, quai numéro 7.

HENRY. L'aéroport ?

MARTIN. Bah l'aéroport, le point d'extraction, l'anonymat...

HENRY. Monsieur Terrien, croyez-vous vraiment que pour le prix les billets d' avions soient compris ?

MARTIN. Bah oui.

HENRY. Bah non.

MARTIN. Bah si.

HENRY. Bah non.

MARTIN. Bah si.

HENRY. Bah non.

MARTIN. Bah quoi alors ? et votre slogan : "Envolez-vous vers une nouvelle vie".

HENRY. *(il montre une carte)* Vous habiterez ici !

MARTIN. A Bénozet, mais partout sauf à Bénozet.

HENRY. Et pourquoi ?

MARTIN. Mais, mais, mais parce que c'est à peine à 60 kilomètres de chez moi.

HENRY. Et alors ? c'est suffisant pour disparaître.

PASSAGER DE LA GARE 1. Excusez moi, je cherche le car pour la gare.

HENRY. Lisez les panneaux. *(à Martin)* 60 kilomètres c'est suffisant pour disparaître.

MARTIN. Ha oui, mais oui.

HENRY. Je suis sûr que vous ne connaissez personne à Bénozet.

MARTIN. Heu non, non... effectivement, je ne connais personne à Bénozet

Un passager entre avec une musique techno que l'on entend depuis son casque.

HENRY. Vous êtes sûr ? (au passager) Excusez moi ! allez écouter votre bruit ailleurs.

PASSAGER DE LA GARE 2. *Hein ?*

HENRY. Vous pourriez vous déplacer un peu plus loin...s'il vous plaît ? *(à Martin)* Donc vous ne connaissez personne à Bénozet ?

MARTIN. Oui.

HENRY. Vous n'avez pas l'air très sûr. Prouvez le !

MARTIN. Là comme ça ?

HENRY. Prouvez le !

MARTIN. Non je ne connais personne mais pourquoi vous me faites ça ?

PASSAGER DE LA GARE 3. Excusez moi, je cherche le car pour la gare. *(Henry lui donne une direction)* Hé Valère ! c'est this way là !

HENRY. Simple procédure. Il faut que je m'assure que vous soyez prêt à endosser votre nouvelle vie. Rappelez moi pourquoi exactement vous voulez changer de vie ?

MARTIN. Ici ? Il y a beaucoup de monde.

HENRY. Parlez sans crainte.

MARTIN. Tout a commencé dans le bureau de Carlate.

Scène 5 - Le bureau de Carlate

HERMINE. *Hin ! (bruit d'interphone)*

HENRY. Oui, un instant. Oui, oui vous pouvez dire à Mr Rakuten Ichiba qu'il peut avoir confiance en moi.

HERMINE. *Hin ! (bruit d'interphone)*

HENRY. Oui deux secondes, tout à fait Mr Rakuten Ichiba peut en être assuré

HERMINE. *Hin ! (bruit d'interphone)*

HENRY. Ho ça va maintenant, repassez, Sayonhara, Sayonhara ! Ha Hermine. Les contrats.

HERMINE. Toujours pas de nouvelles ?

HENRY. Ha non toujours pas et de votre côté ?

HERMINE. Non plus, cela fait tout de même un mois qu'il a disparu. La police, les détectives privés, le fisc... ils n'ont rien trouvé. Enfin ce n'est pas possible on ne peut pas s'évaporer comme cela, il a bien dû laisser quelque chose, un mot, un indice... Que vous a- t-il dit la dernière fois où vous vous êtes vus ?

HENRY. Ho ! la dernière fois il se débattait pour rattraper nos erreurs de tracés de site. Sur le projet de Centre de Données. Et dire qu'il a eu le toupet de se carapater à quelques heures de la présentation en anglais à nos clients japonais.

HERMINE. Pardon ?

HENRY. Il a eu le toupet de se carapater à quelques heures de la présentation en anglais à nos clients japonais. Qu'est-ce qui n'est pas français dans cette phrase ?

HERMINE. Non mais je...

HENRY. Ha oui ils sont japonais, j'aurais préféré des alle-
mands ou des russes pour qu'il soient fiables et robustes,
prêts à affronter, la tête haute, les méandres du marché
financier mais là ils sont japonais.

HERMINE. Ce n'est pas ça, c'est la première fois que vous
évoquez ces erreurs de tracés de site.

HENRY. La nature du terrain ne se prête pas au rapport
volume / masse de ce beau bâtiment. Mais on va tout dé-
caler de 800 mètres et on en parle plus.

HERMINE. 800 mètres plus bas ? mais il y a une bibliothèque municipale.

HENRY. Non mais ça ça a été réglé le mois dernier.

HERMINE. Le mois dernier ! *(Bascule de temps dans le
passé)*

MARTIN. Comment ça vous voulez déclencher un petit
incendie !? Dans une des dernières bibliothèques municipale de France ! Un des derniers endroits où il existe des
vrais livres.

HENRY. Bien justement ! Le papier ça brûle très bien et
puis entre nous , qui lit encore des livres ? Enfin, changez
de siècle mon vieux, que croyez-vous ? On ne fait pas de
business avec des états d'âmes.

MARTIN. Désolé Carlate, je ne vous suis pas, pas cette
fois, ça va trop loin. J'en ai ras le bol de vos combines. Et je
vais même vous dire si vous vous entêtez avec ce projet, je
dénoncerai votre manigance aux commissions, aux mé-
dias.

HENRY. Ha ! ha ! ho ! ho ! hé ! hé ! je tremble. Si vous le
faites vous êtes un homme mort Terrien. La mafia japonaise ça vous parle ? Sortez de mon bureau. Je peux vous
griller sur place comme un ver dans le désert.

HERMINE. *(Retour au présent)* Qu'est-ce que vous dites !

HENRY. Je dis que vous commencez à me courir sur le haricot avec votre bibliothèque.

HERMINE. Mais moi je n'ai rien dit

HENRY. Non pas vous, mais l'autre intello là : Terrien le mois dernier.

HERMINE. Le mois dernier ?

HENRY. Oui bon, bah non y'a pas de bibliothèque, y'a plus de bibliothèque, bon il y en aura plus après l'étincelle de génie que j'ai eu. Paf ! Bim ! Frrrr ! Hé oui que voulez-vous mon petit ? Je m'embrouille moi avec toutes ces histoires. Je suis près du gouffre, un pas de plus et je sombre dans la sénilité, la caducité, la rustiducité…

HERMINE. La rusticité

HENRY. La rustiducité

HERMINE. Non, on dit la rus-ti-ci-té

HENRY. Bon c'est bon, vous avez fini là, parce que moi je travaille là, j'ai du boulot, j'ai une boîte à faire tourner, ça ne se fait pas comme ça là à la bonne franquette.

HERMINE. Mais pour monsieur Terrien qu'est-ce que l'on fait ?

HENRY. Je n'en sais rien moi, le nouvel architecte, il est très bien.

HERMINE. C'était tout de même un collègue, un bon collègue voir… un peu plus.

HENRY. Ha c'est ça ! Ha non mais moi je ne suis pas là pour trier le courrier du cœur. Tiens c'est écrit quoi en grandes lettres sur ce gratte-ciel là ?

HERMINE. Carlate

HENRY. Carlate, c'est moi. Est-ce que c'est écrit la poste ? *(Il change de voix)* "Tiens Mr Carlate il est devenu

postier ? il n'était pas directeur d'un gros cabinet d'architecture ? bah si, ho il doit faire les deux, il est bien capable
Mr Carlate, il est tellement pro." Bah non ce n'est pas écrit
la poste, alors vous commencez à me courir sur le haricot
avec votre Martin Terrien. Je ne sais pas où il est Point.
Adresse inconnue. *(il prend une voix de robot)* Re-tour à
l'en-voy-eur. C'est bon là ? Comment il faut vous le dire ?
Vous venez m'enquiquiner alors que je suis en pleine ré-
daction de contrats. Vous imaginez un peu comme c'est
simple de négocier avec des mangeurs de poissons crus.
Bah non vous n'imaginez pas ! Vous êtes là fleur bleu. Re-
gardez-vous avec cette fleur dans les cheveux, on dirait…
on dirait une publicité pour du fromage blanc, Pfff je ne
sais pas ce qui me retient de vous virer tiens ?!

HERMINE. Peut-être le fait que je sois ta fille !

HENRY. Ha non ! Qu'est-ce qu'on a dit ? On n'aborde pas
le sujet ici. Il y a le monde professionnel et il y a le privé,
et le privé, c'est privé.

HERMINE. Mais enfin papa ça va finir par se savoir.

HENRY. Je m'en fous, c'est comme ça. Y'a pas de papa. C'é-
tait les clauses du contrat. Je t'embauche, tu travailles
comme tu peux, comme tu veux mais "y'a pas de papa".
Non mais ! On ne va pas commencer à tout mélanger.

HERMINE. Bon, puisque c'est comme ça je vais aller dire
à Nadine, ton assistante, qu'elle ne revienne pas demain.

HENRY. Comment ça ?

HERMINE. Je vais aller dire à Nadine, ton assistante,
qu'elle ne revienne pas demain. Qu'est-ce qui n'est pas
français dans cette phrase ? Je sais tout de vos escapades,
lors de vos, soi-disant, week-end golf.

HENRY. Qu'est-ce que c'est que cette façon de faire ?

HERMINE. Les chiens ne font pas des chats !

HENRY. Mais je disais cela comme ça... je, je...m'excuse.

HERMINE. Comment ? Je n'ai rien entendu.

HENRY. Pardon.

HERMINE. Toujours pas non.

HENRY. Enfin Hermine, mon babou, un petit bisou à son papou ?

HERMINE. Un bisou ? *(bien fort dans le couloir)* Comment monsieur Carlate vous voulez embrasser une de vos collaboratrices dans votre bureau !

HENRY. Ha stop, c'est ridicule.

HERMINE. *(bien fort dans le couloir)* Ha oui je suis d'accord avec vous Mr Carlate, le grand directeur d'un grand cabinet d'architecture. Vous avez raison comme toujours ! Tout cela est totalement ridicule !

HENRY. *(au public)* Bien quoi, qu'est-ce qu'il y a Mercier ! allez hop au boulot !

Scène 6 - La gare routière 2

MARTIN. Voilà en substance, dès qu'il a dit le mot
« mafia » j'ai pris peur.

HENRY. Bien vous êtes le client idéal pour Data Face. Rassurez-vous, nous avons tout prévu pour vous. Vous sortirez très peu de chez vous, votre jardin est clôturé, c'est pour mieux vous intégrer dans ce village. Vous ne ferez pas tâche, vous allez devenir commun, juste comme les autres, réglé sur les cloches. En contrepartie, une contribution très simple vous sera demandée. De chez vous, sur internet, vous allez remplir des avis de consommateurs.

MARTIN. Consommateur de quoi ?

HENRY. Vous aimez lire apparemment ?

MARTIN. Oui beaucoup.

HENRY. Ça tombe bien, souvent ce sont des produits culturels de consommation. Nous travaillons avec les leaders mondiaux du numérique.

MARTIN. Je ne comprends pas !

JO. Vos commentaires génèrent du chiffre d'affaire. Plus vous appréciez ces produits, plus nos partenaires sont cotés en bourse.

HENRY. Jo, il travaille aussi pour notre société.

MARTIN. Ha oui, si c'est pour donner mon avis.

JO. Vous verrez tout le monde s'en sort très bien. Petit à petit, le temps faisant son œuvre, vous allez certainement vous languir de votre ancienne vie. Là, il faudra être vigilant. Vous m'écoutez ?

HENRY. Mr Terrien vous ne pouvez revenir en arrière, vous me suivez ?

MARTIN. Oui, c'est pour cette raison que je vous ai payé et cher d'ailleurs. Pour avoir une nouvelle vie.

JO. Si jamais vous aviez le moindre souci, pour votre sécurité, nous sommes toujours là pour vous.

MARTIN. Comment ça ?

HENRY. Ceci est une micro puce GPS. Maintenant si vous changez d'avis les conséquences peuvent être très graves.

MARTIN. Oui, oui j'imagine. Bon je dois faire quoi exactement ?

HENRY. Tout est dit dans votre contrat

MARTIN. Mon contrat ?

JO. Oui regardez.

MARTIN. Oh la vache !

HENRY. Bien Mr Terrien, prenez le temps de lire le contrat en attendant le car, profitez-en pour lire les petites lignes. *(ils disparaissent, Martin les cherche)*

MARTIN. Oh ils sont forts. Bon ce contrat, très bien, classique. Hein ?! Quoi ? Les GAFA ? je dois obligatoirement donner un avis très favorable sur tous les produits que la société me propose, à défaut de quoi Data face me ferait disparaître à tout jamais ? mais ça ne va pas ou quoi ? C'est une blague ?

HENRY et JO.*(ils réapparaissent)* Ha ha ha ha ha !

HENRY. Comment croyez vous que l'on génère notre chiffre d'affaire ?

JO. C'est juste une clause de protection. Vous savez combien veulent revenir sur leur décisions ?

HENRY. Si vous vous tenez à carreau, tout va bien se passer.

MARTIN. Mais je ne signe pas ça, je ne signe pas pour perdre ma conscience, pour bosser gratuitement et pour qui ? les GAFA, comme-ci que les géants du numérique avait besoin de moi.

HENRY. Ils ont besoin de nous tous

MARTIN. Non mais je ne tiens pas à engraisser Facebook, Amazon et compagnie. Je peux vous parler en privé ? il y a un peu trop de monde là. Juridiquement, ça ne tient pas votre truc. Je suis désolé mais je vais me passer de vos services. Bon merci pour ce moment comme dirait l'autre et au revoir, on annule tout.

JO. Bien non

MARTIN. Bien si

HENRY. Bien non

MARTIN. Bien si

JO. Bien non, vous êtes un tordu vous ?

MARTIN. Bien non

HENRY. Bien si *(Il fait une clef de bras à Martin)*

JO. Vous avez déjà signé avec votre empreinte. Aucune rétractation n'est possible, article 27 alinéa 14. Vous voulez d'autres arguments juridiques ? Voici votre nouvelle carte d'identité.

MARTIN. Walter Killiam ?

JO. Tout à fait, dorénavant vous vous appellerez Walter Killian, vous êtes né à Southampton. Vous êtes un anglais qui a fait fortune dans la…

MARTIN. Mais c'est n'importe quoi. J'ai un accent pitoyable. Et vous voulez que je me fasse passer pour un british. C'est pas possible, c'est pas crédible votre truc.

JO. Vous parlez bien Anglais ?

MARTIN. Oui mais comme un français !

HENRY. Vous ne pouvez pas faire machine arrière, ça va entrer dans votre petite tête monsieur... monsieur comment déjà ?

MARTIN. Martin Terrien. *(Henry le frappe)* Walter Killiam !

JO. Walter Killiam c'est bien ça ?

MARTIN. Oui !

JO. Alors vous vous dites oui ? *(Jo le pince)*

MARTIN. Ha yes yes YES !

HENRY. Bien Mr Killiam je crois que vous avez toutes les informations nécessaires. Une dernière chose : Tant que vous le pouvez évitez de parler. Voilà votre car.

Scène 7 - L'autocar

LE CONDUCTEUR. C'est pour aller où ?

HENRY. A Bénozet

LE CONDUCTEUR. Bénozet, plus personne va là-bas, tout est en train de fermer. Bon bha montez. Vous voyez il y a pas grand monde sur cette ligne. D'ailleurs d'habitude, je ne vais même pas jusqu'au terminus. Vous allez y faire quoi à Bénozet ? Oh, vous n'êtes pas obligé de me répondre ! Vous n'avez pas l'air d'être un bavard. Bénozet dis donc, je n'y ai pas mis les pieds depuis belle lurette. Ho ! ça a dû changer ? J'avais de la famille là-bas. J'y ai passé quelques étés. Oui ! quoi ? mais là je suis avec le monsieur. A l'époque, on ne voyait pas le temps passer. On allait à la pêche, on faisait des barrages, des cabanes dans les arbres. On remplissait des cagettes avec des vrais livres, des BD et on lisait des après-midi entières dans des hamacs avec les copains. Mais c'est fini ça, maintenant tout se fait sur tablettes. La tablette, la tablette, la tablette ! Mais je ne sais pas moi où tu l'as rangé, oui le tiroir du bas peut-être. J'avais un cousin, il était costaud pour un môme de 16 ans. Il avait ce truc incroyable : quand il se mettait torse nu, ça sentait la fougère… Il imitait Tarzan "Hoohia-hiahiahia !"

VOIX OFF. *(Crissement de pneus)*

LE CONDUCTEUR. Ho bon dieu, quoi ?!

VOIX OFF. Hé t'es pas tout seul sur la route avec ton bahut

LE CONDUCTEUR. Quoi ? Tu veux que je descende c'est ça ?

VOIX OFF. Oui ben vas-y descends *(Le conducteur descend et frappe l'automobiliste)* Fonctionnaire !

LE CONDUCTEUR. Quoi ?

VOIX OFF. Non non rien.

LE CONDUCTEUR. Je préfère. *(La voiture repart en marche arrière. Il remonte et redémarre)* Les gens ne savent plus conduire !... T'inquiète pas, il le sait ça. Hein vous le savez hein ?... Vous devez vous demander. Je suis relié, j'ai des hallucinations auditives comme disent les psy. Ils sont marrant les psy, ils sont là ils vous laissent parler et ils disent rien. Un peu comme vous *(il ralentit jusqu'a mettre au point mort l'autocar)* Attendez : depuis tout à l'heure vous dites rien et vous me laissez parler. Ha oui ouais d'accord je vois vous en êtes un...c'est ma femme... c'est ça non... c'est ma femme qui vous envoie "Richard te devrais aller chez le psy" ? Ha je vois le genre, si vous n'allez vers la psychanalyse, c'est le psychanalyste qui vient vers vous. Ha bah vous savez quoi ? ça marche pas avec moi. D'ailleurs ha ha ! je ne vais pas aller jusqu'à Bénozet tiens ! Monsieur le pas bavard permettez moi de vous laisser là, au prochain arrêt. Espèce de psy. Descendez de mon car ! Terminus ! *(il fait descendre Martin et sort de scène)*

MARTIN. Espace de taré !

Scène 8 - Le grand chêne 3

HENRY. Le car c'est un détail. Tu vis ici depuis maintenant quatre mois dans cet environnement protégé. Tu sors très peu, soit pour faire quelques courses soit pour te rendre à la bibliothèque, pour produire tes avis de consommateur. Comme tu dois aimer ce qu'on te dit d'aimer, tu ne lis et consomme rien d'autre. C'est bien cela ?

MARTIN. Oui, sauf qu'à force de lire vos trucs débiles

HENRY. Pardon ?

JO. On ne dit pas vos trucs débiles. On dit « produit culturel de consommation courante plébiscité par le grand public ».

MARTIN. Appelez les comme vous voulez vos fichiers à deux balles. Et d'ailleurs pourquoi vous ne me donnez que du Marc Levy ? J'en peux plus, imaginez un peu, j'ai dû me farcir toutes ses histoires foireuses. Cet homme là a écrit, pendant toute sa vie, un livre par an. Et maintenant avec le générateur automatique Marc Levy, c'est un roman par semaine que vous m'obligez à lire. Vous imaginez un peu ?

HENRY. C'est le contrat

MARTIN. Je regarde le monde comme Marc Levy, je pense comme Marc Levy, je suis capable de vous pondre un chapitre entier de Marc Levy. La bibliothèque ne me donne que ça à lire. Je n'en peux plus.

JO. Pauvre petit. Levy t'as miné c'est ça ?

MARTIN. Quoi ?

HENRY. Lait vitaminé. Haha ! elle est bonne Jo.

MARTIN. Parce que c'est drôle pour vous de faire vivre ce genre de vie aux gens ? J'ai tout perdu, je vous ai fui, j'ai essayé de me cacher et vous, vous faites des blagues. Vous vous croyez drôle avec votre cure-dent ?

HENRY. Tu pensais vraiment pouvoir nous échapper ?

MARTIN. Bien sûr, chaque système à une faille.

JO. Mais qu'il est romantique.

HENRY. Bon qu'est-ce que tu faisais exactement à la bibliothèque ?

MARTIN. Ce que vous demandiez.

HENRY. Quoi ?

MARTIN. Tous les jeudi, je devais rendre mon avis de lecture.

HENRY. Et quoi ?

MARTIN. Charger le nouveau fichier Marc Levy.

HENRY. Tu te fous de nous !

JO. Ok ! Parle-nous de la bibliothécaire Marie-Ange.

MARTIN. Marie-Ange ?

Scène 9 - La bibliothèque

CARRIE. Bonjour Mr Killiam, Carrie à votre service. Mr Killiam voici votre nouveau fichier. D'après le listing vous avez trois semaines de retard. Attention ! des travaux de modernisation sont en cours. Bonne journée Mr Killiam, bonne journée Mr Killiam, bonne journée Mr Killiam, bonne journée Mr Killiam. *(Martin va pour la toucher, elle disparaît)*

MARTIN. Ha c'est ces hologrammes ! Ils sont de plus en plus réalistes.

MARIE-ANGE. *(Elle tient une pile de livres dans les bras)* Walter ! Walter ! Viens ici. On peut parler normalement. J'ai dévié les caméras, on est en plein angle mort. Regarde ces rayons avant ils étaient plein. Il était vraiment temps de passer à l'action.

MARTIN. C'est sûr, je te l'ai dit.

MARIE-ANGE. Bon tu as amené ton sac ? Tiens en voici une dizaine. La résistance s'organise, d'ici deux semaines nous aurons sauvé la totalité de ce rayon. *(elle met la pile de livre dans son sac)*

(Changement de temps et d'espace, retour sous le grand chêne)

JO. Qu'est-ce que c'est que cette histoire ?

HENRY. On s'en contrecarre que tu sois devenu le sauveur des livres en papier.

JO. Bon écoute, tu t'appelais Martin Terrien, t'as fait appel à nous, on t'a trouvé une nouvelle identité avec une obligation que tu ne remplis plus depuis 3 semaines et tu nous fais tout ce blabla pour qu'on te félicite parce que Monsieur a rejoint les bibliophiles du cœur ?

MARTIN. Non je n'ai pas fini.

JO. Alors quoi ? Abrège !

MARTIN. J'en étais où ?

JO. Les livres dans le sac.

(Changement de temps et d'espace, retour à la biblio-thèque)

MARIE-ANGE. Ouvre ton sac. J'ai vérifié ce que tu m'as dit ils veulent vraiment la raser cette bibliothèque. Tu te rends compte ? Ils n'ont aucune éthique.

MARTIN. Oui je sais ils veulent même brûler les livres.

MARIE-ANGE. Walter nous pouvons préserver cet endroit.

MARTIN. Comment ?

MARIE-ANGE. J'ai été contactée par la résistance, ils veulent sauver la bibliothèque. Ils m'ont demandé si je connaissais quelqu'un de commun, pour passer les livres, un monsieur tout le monde. Je ne sais pas pourquoi j'ai tout de suite pensé à toi.

MARTIN. Moi, mais j'ai déjà du mal à me faire passer pour un anglais.

MARIE-ANGE. Je ne trouve pas, au début oui mais maintenant je te trouve très crédible. Tiens, lis ce papier.

MARTIN. "Demain midi. Près du grand chêne jardin public. Venez seul"

MARIE-ANGE. Pourquoi tu le manges ?

MARTIN. Pour pas laisser de traces

MARIE-ANGE. Il suffisait de me le redonner. Et tiens ! notre signe de ralliement

MARTIN. Un livre ?

MARIE-ANGE. "Eloge de l'ombre" tu devras l'avoir à la main pour qu'ils te reconnaissent.Vas-y et n'oublie pas, nous comptons sur toi. L'ombre permet de résister.

MARTIN. "La vie s'amuse à tracer des chemins avec un compas d'écolier"

MARIE-ANGE. Qu'est-ce que tu racontes ?

MARTIN. Non mais c'est du Marc Levy. Il faut absolument que je me soigne.

Scène 10 - La grand chêne 4

HENRY. Oui donc alors, qui est ce contact mystère?

MARTIN. J'en sais rien. Pourquoi voulez vous savoir ça ?

JO. C'est nous qui posons les questions. *Il sort une arme*

HENRY. Qui est ce contact ?

MARTIN. Mais vous êtes qui au juste ?

JO. Tu ne te souviens pas ? Data face "parce que votre liberté n'a pas de prix" *(il s'étouffe avec son cure-dent,)*

HENRY. Jo ça va ? Jo !

Jo se tape sur la poitrine avec son arme, un coup part. Henry s'affaiblit alors que Jo perd son souffle.

MARTIN. C'est pas moi, c'est pas moi.

VOIX OFF. Alerte Fugitif : Deux hommes ont été retrouvés morts à Bénozet. Le criminel est en fuite il a été filmé (apparition de Martin) par les caméras de surveillance. Il est probablement armé et dangereux. Si vous voyez cet homme, ne tentez pas d'intervenir, prévenez directement les forces de l'ordre. Composez le 0 800 12 12 12. Ensemble soyons vigilants.

HERMINE. Martin, Martin !

MARTIN. Hermine ?

HERMINE. Martin qu'est-ce que tu fais dans cet arbre ?

MARTIN. Et toi que fais tu ici ?

HERMINE. Eloge de l'ombre

MARTIN. C'est toi le contact ?

HERMINE. Oui c'est moi. C'est toi le meurtrier ?

MARTIN. Mais non évidemment. C'est un accident de cure-dent. Oui, je t'assure. Arrête de me regarder, tu veux ma mort ou quoi ? Ils nous surveillent sûrement.

HERMINE. Qui ça ?

MARTIN. Data Face, les japonais, la police, les nettoyeurs. Je ne sais plus moi.

HERMINE. Des nettoyeurs ?

MARTIN. Il fallait quelqu'un qui passe inaperçu, ça va être difficile maintenant. J'ai tout fait foirer. Je suis fichu Hermine.

HERMINE. Non ça peut encore s'arranger ; j'ai quelque chose à te remettre descend de ton arbre et suis moi discrètement.

Scène 11 - L'abattoir

MOMO. Venez c'est par là. Entrez, restez ici. Je vais allumer. Ha vous serez bien ici.

MARTIN. Mais c'est quoi cet endroit ?

MOMO. L'ancien abattoir. Moi j'y ai passé vingt ans. Jusqu'à ce que tout le monde devienne végan. Voyez là, les bêtes venaient du quai de déchargement sur les crocs. Là, on les coupait en deux, les demies carcasses partaient après sur les chaînes pour être détaillées par les tâcherons. Le service brochettes, les saucisses, là la benne à abats.

HERMINE. Oui merci Momo !

MOMO. Ah oui je suis bavard c'est la nostalgie ça. Je vous ai mis la mallette dans la cuisine, il y a toutes les instructions dedans. Résistance. Résistance.

MARTIN. Résistance. Qu'est ce qu'il y a Hermine ?

HERMINE. Je ne me sens pas bien, c'est ce lieu. Quand j'étais petite, mes grands-parents avaient une ferme. Une nuit j'ai assisté à la naissance d'un poulain, j'étais tellement heureuse. Seulement quelques jours plus tard le poulain a disparu. Un matin ma grand mère m'a lancé : Hermine, on a retrouvé ton poulain. Au milieu de la table du petit déjeuner, il y avait une grosse boite orange et dessus c'était noté "Poulain" moi j'ai pensé que dedans... Tu peux me dire quel est le rapport entre un poulain et du chocolat en poudre ?

MARTIN. Il n'y en a aucun

HERMINE. Tous ces menteurs de publicitaires, depuis ce jour, là je me suis juré de ne plus me laisser avoir. Personne ne trompera Hermine. Tu m'entends? Même pas mon père. Bon. Assieds-toi, je vais chercher la mallette.

MARTIN. Hermine,

HERMINE. Oui ?

MARTIN. Ma puce.

HERMINE. Oui Martin

MARTIN. Ma puce.

HERMINE. Oui Martin

MARTIN. Ma puce.

HERMINE. Oui Martin

MARTIN. Ma puce. (*il montre son bras*)

HERMINE. Ha oui, ta puce GPS ! je vais te la retirer *(elle lui retire sa puce)*

MARTIN. Aïe "Le destin d'un homme devrait être aussi simple que le tableau d'affichage d'une gare de banlieue".

HERMINE. Qu'est ce que tu racontes ?

MARTIN. Ha c'est du Marc Levy, il faut que je me soigne.

HERMINE. Ressaisi-toi Martin : voici les instructions ! Dans quelques heures, mon père va jouer au Golf. Tu y iras et tu vas te faire passer pour un caddie. Tu l'obligeras à signer ce document. Cela met fin à la construction du data center, nous allons sauver cette bibliothèque Martin.

MARTIN. Mais il va me reconnaître.

HERMINE. Pas avec ceci. Voici un nécessaire pour te masquer. Tu sais modifier ta voix ?

MARTIN. Ça fait quelques temps que je m'entraîne avec l'accent anglais.

HERMINE. Avec L'accent ?

MARTIN. Anglais !

HERMINE. Très bien : voici aussi des liens auto bloquant. *(il les utilise)* Bon tu as compris. Résistance Martin.

MARTIN. Résistance Hermine.

Scène 12 - Le golf

CARLATE. Passez moi un bois numéro 2. Alors vous êtes Anglais, c'est bien ça ?

MARTIN. Exactement je suis né à Southampton. *(Carlate tire)* Ha légèrement en hook !

CARLATE. Oui, bon conduisez plutôt ! *(ils roulent)*

MARTIN. On va s'arrêter là un instant, j'aimerais vous demander quelque chose.

CARLATE. Attendez je n'ai pas pris l'option cours particulier. Détachez-moi !

MARTIN. J'ai besoin de votre tablette Mr Carlate

CARLATE. Pourquoi faire ?

MARTIN. Pour que vous stoppiez la destruction de la bibliothèque de Bénozet

CARLATE. Comment vous savez ça vous? Seuls les japonais sont au courant.

MARTIN. Je le sais c'est tout ! *(il se démasque)*

CARLATE. Terrien vous n'êtes pas mort ?! Vous faites quoi avec ce fer numéro 2 ?

MARTIN. Où est votre tablette ?

CARLATE. Qu'est-ce que ça peut vous faire ? *(Martin le tape)* ça ne va pas bien ou quoi ? il faut vous faire soigner mon vieux.

MARTIN. Où est-elle ?

CARLATE. Où voulez-vous qu'elle soit ? Elle est là dans mon sac évidemment.

MARTIN. Quelle est votre code de signature ?

CARLATE. Ah ça jamais !

MARTIN. Votre code de signature *(Martin va pour taper Carlate)*

CARLATE. Babou ! B.A.B OU.

MARTIN. Babou

CARLATE. Oui et quoi ?

MARTIN. Bien ! Vous venez d'annuler la destruction de la bibliothèque de Bénozet

CARLATE. Si ce n'est pas nous, ce seront d'autres qui iront la raser votre bibliothèque

MARTIN. Pas avec ce document *(il lui montre un document sur la tablette)*

CARLATE. Terrien vous êtes fini, menteur, voleur.

MARTIN. Terrien n'existe plus, vous pourrez le vérifier, ce n'est pas le peine de me chercher, j'ai été effacé de tous les fichiers.

CARLATE. Ça c'est ce que vous croyez, nous sommes dans l'ère numérique plus personne n'est libre. Et Data Face vous retrouvera de toutes façons.

MARTIN. Data Face, comment vous les connaissez ?

CARLATE. Pauvre innocent. Data Face c'est nous, nous l'avons créé pour écarter les gauchistes de votre genre, les anti-progrès. Vous êtes tombé dans un piège grossier. Vous vous croyez libre Terrien ? Vous n'êtes qu'un pantin, un ver dans le désert. Je ne sais pas comment vous avez fait pour leur échapper mais ils ne vous lâcheront pas Terrien. *(Martin s'éloigne)* Où allez-vous ? Détachez-moi au moins avant de partir. Terrien ! Terrien !

MARTIN. Mais vous êtes libre comme "le reflet de la lune qu'on ne peut saisir sur l'onde aquatique".

CARLATE. Hein ? Pourquoi vous me citez du Marc Levy ?

MARTIN. Vous connaissez Marc Levy ?

CARLATE. J'adore ! un des plus grands auteurs du XXIe siècle .

MARTIN. Va falloir vous soigner mon vieux

CARLATE. Mais détachez-moi !

Scène 13 - Retrouvailles

HERMINE. Martin ! Martin ! Est-ce qu'il a signé ?

MARTIN. Oui. Alors c'est fini ?

HERMINE. Pas vraiment

MARTIN. Comment ça ?

HERMINE. Des bibliothèques à sauver, il en reste quelques unes.

MARTIN. Oh Hermine !

HERMINE. Oui ?

MARTIN. Partons, à nous deux nous allons faire de grandes choses. *(Ils se prennent par les mains)*

HERMINE. Non Martin. Je dois agir dans l'ombre. J'ai choisi de travailler auprès de mon père pour être au cœur du système. Pars maintenant, tu recevras d'autres instructions plus tard. Résistance Martin ! Et ne t'inquiètes pas nous nous retrouverons. *(elle sort)*

MARTIN. Hermine ! (au public) J'aimerais tellement être au coeur de son système.

Un politicien installe le micro sur scène

UN POLITICIEN. Accueillons à présent Mr Carlate nouvellement élu en tant que ministre au progrès virtuel et aux données numériques.

CARLATE. Pour commencer, je tenais à remercier le gouvernement de sa confiance, ainsi que l'entreprise Rakuten pour son grand projet de centre de données européen. L'évolution a donné à chaque espèce juste assez pour survivre. Aujourd'hui, on vit au-delà de l'évolution. Nous comprenons mieux, nous voyons mieux, nous vivons plus libres dans un monde plus sûr. Il reste certes un peu de pédagogie à faire pour que tout le monde avance d'un pas commun. Rendez-vous compte ! à l'avenir, nous serons tous des humains augmentés pour devenir encore plus performants, encore plus libres. En tant que représentant ministériel du progrès virtuel, je suis fier de prôner ce monde excitant qui, mes amis, n'est pas pour demain mais bien à portée de main. Gloire au virtuel !

Martin entre sur scène, s'assoit et lit un livre. Dans le public, deux malfrats l'observent.

MALFRAT 1. Psst, psst

MALFRAT 2. Monsieur, monsieur.

MALFRAT 1. Vous lisez un vrai livre ?

MALFRAT 2. Vous n'avez pas tablette ?

MARTIN. Ça, on me l'a déjà dit.

Martin referme doucement son livre, se lève et sort. Les deux malfrat le poursuivent.

REMERCIEMENTS

Les auteurs tiennent à remercier Cyrille Gérard, Olivier Clenet et la compagnie Heïdi a bien grandi.

L'illustration de la quatrième de couverture est de Ronald Bousseau.